Conrad K. Butler

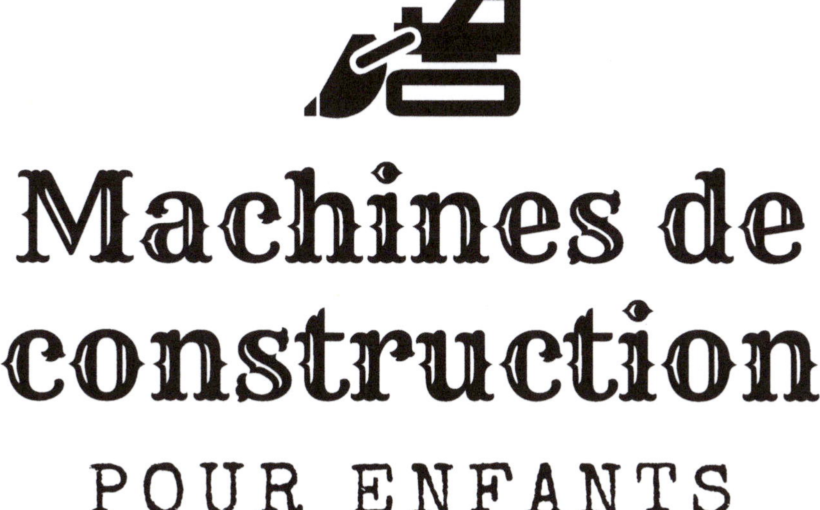

Machines de construction
POUR ENFANTS

Tombereau articulé

il s'agit d'une benne très grande et lourde utilisée pour le transport de charges en terrain difficile et occasionnellement sur la voie publique.

Finisseur d'asphalte

c'est une machine pour étaler, façonner et compacter partiellement une couche d'asphalte sur une route, un parking ou d'autres zones.

Tractopelle

combine deux fonctions populaires des équipements lourds : creuser et déplacer. Il y a un godet chargeur d'un côté pour pousser, soulever et déplacer des matériaux, et de l'autre côté se trouve une excavatrice pour creuser facilement.

Nacelle élévatrice

un type de panier élévateur qui vous permet d'atteindre à la fois horizontalement et verticalement. Les bras de flèche facilitent plus que jamais l'accès aux endroits restreints et l'atteinte des hauteurs.

Bulldozer

il s'agit d'un gros engin motorisé équipé d'une lame métallique à l'avant pour pousser des matériaux tels que du sable, de la neige, des gravats ou des pierres lors de travaux de construction.

Grue mobile

ils sont conçus pour soulever des matériaux nécessitant une grue compacte et à profil bas. Étant donné que les grues de pont Carry sont petites, elles sont idéales lorsqu'il s'agit d'opérer dans des espaces restreints ou autour d'obstacles aériens.

Fraiseuse routière

est une machine de construction utilisée pour enlever le béton bitumineux ou asphalté des routes, ce qui donne une surface légèrement rugueuse et uniforme sur laquelle une nouvelle couche d'asphalte peut être posée.

Chargeuse compacte sur chenilles

ce sont essentiellement des chargeuses compactes dotées de chenilles en caoutchouc à haute flottaison, permettant à ces engins de terrassement de travailler dans des conditions de sol médiocres et sur des surfaces délicates.

Rouleau compresseur

c'est un véhicule utilisé pour compacter le sol, le gravier, le béton ou l'asphalte dans la construction de routes et de fondations. Des rouleaux similaires sont également utilisés dans les décharges ou agricole.

Excavatrice

un engin de terrassement permettant de séparer les débris du sol et de les transférer par moyen de transport ou vers une décharge. Le bulldozer peut également servir de dispositif de rechargement.

Abatteuse-groupeuse

un type de moissonneuse utilisé dans l'exploitation forestière. Il s'agit d'un véhicule motorisé doté d'un accessoire qui permet de ramasser et d'abattre rapidement un arbre avant de l'abattre.

Chariot élévateur

il s'agit d'un petit véhicule industriel doté d'une plate-forme fourchue à commande électrique fixée à l'avant qui peut être levée et abaissée pour être insérée sous une charge à des fins de levage ou de déplacement.

Porteur Forestier

un tracteur pour le débardage du bois court (grumes et rouleaux) utilisé en foresterie. C'est une machine à chargement automatique. Le bois est chargé dans la machine à l'aide d'une grue et n'entre pas en contact avec le sol lors du débardage.

Abatteuse

c'est une machine multi-opérationnelle. C'est actuellement l'une des abatteuses de bois les plus avancées technologiquement.

Grue forestière

en tant que type d'équipement rotatif, les chargeuses à flèche articulée ont une flèche stratégiquement conçue pour les applications de manutention de grumes.

Niveleuse

engin de terrassement, utilisé principalement pour profiler le sol sous la surface des routes, des fossés et des bords de route, et pour niveler les remblais. Ils sont également utilisés pour mélanger les matériaux routiers et éliminer les anciennes surfaces.

Nacelle à ciseaux

une plate-forme de travail qui ne peut se déplacer que dans le plan vertical sur laquelle le personnel, l'équipement et le matériel peuvent être élevés pour effectuer un travail.

Chargeuse compacte

il s'agit d'une petite machine rigide, entraînée par un moteur, dotée de bras de levage qui peut être attachée à une grande variété de godets et d'autres outils de travail ou accessoires nécessitant peu d'entretien.

Débusqueur

c'est une pièce de machinerie lourde qui enlève les arbres coupés d'une forêt. Aujourd'hui, presque toutes les versions de débardeurs sont équipées de pneus ou de chenilles robustes et peuvent déplacer un plus grand nombre d'arbres.

Chariot télescopique

ce sont des machines polyvalentes qui soulèvent, déplacent et placent des matériaux. Sur ces chantiers, les bêtes de somme sont souvent les premières machines à travailler et les dernières à partir car elles peuvent être utilisées pour de nombreuses applications différentes.

Trancheuse

ils ressemblent à un bulldozer dans le sens où ils ont le même objectif : briser la terre et les roches et les extraire du sol. Cependant, contrairement aux bulldozers, les trancheuses peuvent enlever la terre en un seul mouvement continu.

Décapeuse

c'est un type d'équipement de terrassement lourd. Il dispose d'un plateau/trémie pour le chargement et le transport du matériel. Il est le plus souvent utilisé lors de travaux de terrassement sur des investissements routiers.

vérifiez également :

et beaucoup plus!

/conradpublishing